Agradecimentos

Eu sou muito grato a minha esposa Bia por seu amor, incentivo e apoio incondicional, por seus encorajamentos pacientes e incansáveis. A minha filha Maitê, que é minha inspiração. Agradeço ao Amigo, Irmão e Sócio Agnaldo, por me ensinar tanto. Meus agradecimentos aos amigos Bruno Lui e Bruno Sassi, companheiros de trabalhos e irmãos na amizade, dedicando-se incansavelmente a este projeto e que vão continuar presentes em minha vida com certeza.

Sumário

O Autor

Formado em Direito desde 2003, o autor é advogado especializado em direito empresarial e direito imobiliário, com 14 anos de experiência na área. Possui 03 (três) pós-graduações, sendo a primeira em Processo Penal pela FMU - Faculdades Metropolitanas Unidas em São Paulo (2004), a segunda e a terceira pós-graduações foram nas áreas de Processo Civil e Direito Civil pela FAAP - Faculdade Álvares Penteado em São Paulo (2010 / 2011), fez uma atualização em Direito Imobiliário pela FGV - Faculdade Getúlio Vargas em São Paulo (2015). Realizou um curso de *Entrepreneurship in Emerging Economies* pela Harvard University (2017).

A Alavanca

> *"Dê-me uma alavanca e um ponto de apoio e levantarei o mundo"* — Arquimedes

Quando estamos falando em investir, multiplicar o dinheiro, conseguir a liberdade financeira para realizar nossos planos ou dar um tiro certo e obter resultados espetaculares, sempre buscamos uma fórmula mágica, e mais, almejamos que isso aconteça de forma rápida, segura, fazendo com que nossa reserva se multiplique infinitamente.

Como é sabido, existem inúmeras formas de se investir e multiplicar seu capital. Podemos investir em ações, que trazem algum risco dependendo do seu perfil de investidor. Existem produtos mais seguros oferecidos pelos Bancos, com uma remuneração de 1% ao mês, dependendo do capital que se vai investir. Temos também a tradicional poupança e muitos outros.

Durante minha vida sempre ouvi as pessoas dizendo que "quem tem dinheiro, faz dinheiro", ou "fulano ficou rico, só pode estar fazendo algo de muito errado". É certo que, quando se trata de dinheiro e como multiplicá-lo, não existe apenas um jeito certo. Existem infinitas formas de acumularmos fortuna, investirmos, ou mesmo buscar ganhos que permitam uma aposentadoria sólida. Tudo vai depender do que você busca e aonde quer chegar.

Muitos acreditam que não são capazes de investir, não têm o perfil necessário para tanto e por isso, mantêm suas reservas na poupança. Contudo, com o passar dos anos, esses valores são engolidos pela inflação. Isso é fato comprovado!!

Este manual prático foi escrito para você que deseja multiplicar seus ativos em no mínimo 100%, de forma segura, num curto espaço de tempo e, a partir daí você decidirá quais serão seus próximos passos.

Neste guia sobre leilões judiciais, foi aplicada a fórmula: **I M Ó VE L**

I - Interesse em investir em imóveis (onde buscar as informações);

M - Metodologia (da pesquisa de mercado até a posse do imóvel);

Ó - Otimizar (tempo, reforma e adequação);

VE - Venda (estratégias de venda);

L - Lucro (apuração do resultado financeiro);

No decorrer dos capítulos darei um exemplo de leilão que participei e o resultado obtido, que foi espetacular. Mas vale lembrar que, como todo investimento, há riscos, que vamos explicar para que sejam os menores possíveis.

Como citou Napoleon Hill, ao qual faço minhas, suas palavras, quando parafraseou o Imortal R. W. Emerson em seu livro Pense e Enriqueça, "Se houver uma relação entre nós, por meio destas páginas nos encontramos".

Interesse

Se você chegou até aqui, tem INTERESSE em conhecer o mundo dos leilões e enxergou potencial nesta modalidade de investimento. Portanto, quero ajudá-lo a entender os riscos desse negócio para que possa se antecipar a eles, bem como, evitá-los.

Quero também que você saiba onde buscar as informações que precisa para arrematar um imóvel e fazer um ótimo negócio.

Este livro é direcionado para você que pretende investir buscando multiplicar seu capital, gerar frutos além da sua presença, ou mesmo para você que busca adquirir um imóvel para uso próprio, mas não tem todo recurso e não quer entrar em financiamentos. Se tiver INTERESSE este caminho é o ideal.

Noções Básicas sobre Leilão Judicial

Neste tópico daremos noções básicas sobre o leilão judicial, de forma simples e, ao mesmo tempo, com o conteúdo suficiente para dar a base que você precisa para fomentar e alimentar o espírito empreendedor que já habita em seus pensamentos.

Para começar a investir em arrematação de imóveis em leilões judiciais, devemos estar preparados, tomar alguns cuidados básicos que serão explicados mais à frente, pois nosso foco será realizar ótimos negócios.

Os leilões judiciais são muito procurados como forma de multiplicação de patrimônio, pois esse investimento tem a maior taxa de rentabilidade do mercado financeiro, rápida liquidez (falaremos sobre isso num tópico específico) e pouco risco patrimonial.

O primeiro passo é nos familiarizarmos com a terminologia jurídica e os conceitos básicos, que serão explicados de forma simplificada.

Leilão judicial

É a venda de bens penhorados através de mandado judicial. Essa "venda" do bem penhorado, pelo Poder Judiciário, é realizada através de um ato público denominado Leilão Judicial. Neste ato os bens do devedor, penhorados e devidamente avaliados pela Justiça, serão oferecidos e vendidos publicamente, em local, dia e hora pré-determinados, a quem oferecer maior valor, para que o credor receba ao final seu crédito.

O leilão judicial de imóveis pode ser chamado de Hasta Pública ou Praça, e aquele que der o maior lance, o vencerá e, ao vencedor deste leilão, dá-se o nome de <u>arrematante</u> do imóvel.

Os leilões são realizados em sua maioria das vezes em duas datas. No primeiro, serão aceitos apenas lances superiores ao valor da avaliação. Não havendo êxito no primeiro, na segunda oportunidade (2° leilão), serão aceitos lances de qualquer valor, desde que não considerados como preço vil (preço inferior a 50% da avaliação de mercado).

Leilão Extrajudicial

Esse tipo de leilão não é o foco do nosso manual, contudo, o abordaremos de forma sintética, para que você tenha ideia da diferença dos leilões judiciais, conforme capítulo que versa especificamente sobre o tema.

É o ato pelo qual o juiz, através de mandado, apreende e deposita os bens daquele que sofre a ação, para a segurança do juízo e satisfação do crédito. Assim, o imóvel servirá de garantia para o credor (é aquele que busca receber seu crédito), de que a dívida será paga.

Valor de avaliação do imóvel

Trata-se do valor do imóvel baseado nas suas características (padrão da construção, terreno, região onde está localizado, facilidade de acesso, transporte e etc.).

Vale lembrar que, as questões mercadológicas, valor de imóveis similares, liquidez do bem, também são parâmetros para a avaliação. Quem fará a avaliação será um perito judicial determinado pela Justiça.

É o aviso que, em regra, a lei manda publicar antes de qualquer leilão para dar conhecimento ao público de que um certo bem será alienado a quem oferecer mais.

Apenas para sua informação, a nomeação do leiloeiro poderá ser feita a pedido do advogado de quem está promovendo a execução, e o juiz decide se aceita ou não. O ideal é que seja um profissional que divulgue amplamente o leilão, favorecendo a venda e tornando o processo mais transparente.

Normalmente existem alguns leiloeiros oficiais credenciados nos tribunais de justiças dos estados (mais à frente explicaremos melhor o assunto).

Tendo em vista a nova sistemática do Código de Processo Civil de 2015, a publicação dos leilões, que antes era obrigatória em jornais de grande circulação, passa a ser feita pelo leiloeiro pela internet com pelo menos cinco dias de antecedência da primeira praça.

Preço vil, lanço vil ou lance vil

Todos têm o mesmo significado: é o lance ínfimo, muito baixo. Hoje o novo Código de Processo Civil já contempla o que será considerado preço vil, que é o preço inferior ao mínimo estipulado pelo juiz e constante do edital, e, não tendo sido fixado preço mínimo, considera-se vil o preço inferior a cinquenta por cento do valor da avaliação.

Arrematação no leilão judicial

Segundo Moacyr Amaral Santos, no seu livro, Primeiras linhas de direito processual civil, é "o ato de transferência coacta dos bens penhorados, mediante o recebimento do respectivo preço em dinheiro, para satisfação do direito do credor", ou seja, é a conversão em dinheiro para o pagamento da dívida. Não se trata de um pagamento forçado. Podemos dizer que o que ocorre é a transferência forçada do bem penhorado, pois este não se encontrará mais em poder do devedor.

A título de conhecimento, existe uma sensível diferença entre a arrematação, que é a aquisição do bem por um terceiro, e, no caso do próprio credor quem adquire a coisa, em pagamento do seu crédito, tal ato receberá o nome de adjudicação.

Muito embora o ato processual de arrematar não seja instantâneo, é a partir dele que se extrai o auto de arrematação e a carta de arrematação, que são passos importantes antes de você conseguir a propriedade e posse do imóvel que arrematou no leilão.

Incremento mínimo no leilão

É o valor mínimo que será somado ao lance anteriormente ofertado. Esse valor é definido pelo leiloeiro, e o interessado no bem objeto de leilão, pode ofertar mais do que o incremento mínimo, utilizando os múltiplos disponíveis. Porém, nunca poderá ofertar valor inferior ao incremento mínimo.

Auto de arrematação

É o documento em que se registra o resultado do leilão. Nele constará o nome e a qualificação do arrematante, o valor de seu lance, a descrição desse bem arrematado e assinatura do Juiz do processo.

Carta de arrematação

Lavrado o auto de arrematação, pago todo o preço da arrematação, e decorrido o prazo para eventuais impugnações e recursos, o juiz determinará que, em favor do arrematante (vencedor do leilão), seja confeccionada a carta de arrematação que deverá ser levada ao registro imobiliário ("cartório de imóveis") para registro da propriedade do imóvel em seu nome.

Imissão na posse

Medida judicial para quem está privado da posse de bem imóvel. Explicarei mais a frente como funciona esta parte.

Matrícula do imóvel

Assim como as pessoas físicas possuem uma certidão de nascimento emitida pelo Cartório de

Registro Civil, onde constam informações essenciais para identificação jurídica da existência do indivíduo, os imóveis também possuem sua identificação jurídica de existência, que está disponibilizada em sua matrícula. Para tirar uma matrícula atualizada do imóvel basta ir no Cartório de Registro de Imóveis da região onde se localiza o bem.

Seu Ponto de Apoio - Primeiros Passos

"Comece onde você está. Use o que você tem. Faça o que puder" – Arthur Ashe.

Como primeiro passo, você deve ter em mente seu objetivo, seja ele comprar sua casa, investir para multiplicar suas reservas, adquirir um imóvel para gerar frutos através de locação, adquirir um imóvel comercial, enfim, comece pensando nisso.

Com o objetivo traçado, partimos para a segunda etapa: definir o valor que se pretende investir. Ressalto que falaremos adiante sobre todos os custos que envolvem esse tipo de negócio.

Após superadas essas fases, devemos definir em qual localidade buscaremos os imóveis que serão objeto de leilão judicial. O mais indicado é começar a pesquisar por bairros, escolhendo os possíveis lugares que se pretende investir.

Dependendo do seu objetivo (imóvel para residência, imóvel para venda imediata, imóvel comercial ou imóvel para locação) sua pesquisa pode variar e o resultado final também.

Agora vem a grande pergunta: Como faço para procurar os imóveis que serão objetos de leilão judicial.

Essa resposta é bem simples. Existem algumas fontes para pesquisar.

Você pode buscar Informações sobre os bens que serão vendidos em leilão nos edifícios dos fóruns, onde são afixados os editais com as informações dos leilões e dos imóveis, para que o público tome conhecimento.

Outra forma mais rápida e sem perder muito tempo é através da pesquisa nos tribunais de justiça do seu estado. A maioria deles têm utilizado os serviços dos leiloeiros credenciados.

Em São Paulo, por exemplo, se você acessar o *site* do Tribunal de Justiça: http://www.tjsp.jus.br/auxiliaresjustica/auxiliarjustica/consultapublica, você terá acesso a informação de todos os leiloeiros cadastrados, e a partir daí, basta buscar aqueles que disponibilizem em seu *site*, maiores informações sobre os imóveis que serão objetos de leilão judicial, fazendo a busca por bairro, cidade, estado e etc.

Eu costumo usar dois grandes *sites* para pesquisa:

http://www.zukerman.com.br

http://www.canaljudicial.com.br

Muitos leiloeiros disponibilizam também em seus *sites* muitos imóveis que serão objeto de leilão extrajudicial. Falaremos um pouco sobre o tema, mas nosso foco serão os imóveis objeto de leilão judicial.

Após selecionar alguns imóveis de seu interesse pelos critérios que mencionamos anteriormente, a próxima etapa é entender a situação que o imóvel se encontra, quem são os devedores, qual a regra do jogo no edital (esse é muito importante). Mas antes disso, nos próximos dois capítulos, mostrarei quem pode arrematar os imóveis e os custos que envolvem esse tipo de investimento, dando início ao MÉTODO, para que você tenha o real entendimento de quanto poderá dar de lance, levando-se em consideração o que está disposto a investir.

<u>M</u>étodo

Em relação à metodologia, minha intenção é que você saiba onde buscar as informações necessárias para, além de não ser surpreendido de forma negativa quando decidir investir seu capital nesse negócio, saiba onde está pisando e conheça as nuances que todo novo negócio apresenta.

Quero que essa metodologia fique enraizada na sua mente, e vire um hábito a leitura deste guia toda vez que for arrematar um novo imóvel.

Quem pode Arrematar um Imóvel

Os leilões poderão ocorrer de forma presencial ou on-line, e poderão arrematar bens em leilão as pessoas jurídicas e as pessoas físicas capazes.

A nova legislação sobre o tema determina, assim como o Conselho Nacional de Justiça (CNJ), que os leilões sejam preferencialmente pela *Internet* concomitantemente com o presencial. O que, de acordo com o leiloeiro, possibilita a oferta dos bens ao maior número possível de pessoas.

Em caso de aquisição por pessoas jurídicas são necessários:

O representante legal da empresa ou seu procurador, com procuração outorgada com fé pública (feita no cartório de notas), especificamente para este fim, munido de contrato social da empresa, cartão do CNPJ e documentos pessoais do representante;

Em caso de pessoa física:

Para pessoa física é necessário o documento de Identidade, CPF e procuração com fé pública (feita no cartório de notas), se esta estiver representando outra pessoa.

Nos casos de leilões *on-line*, o próprio *site* do leiloeiro dará as informações que precisa para se cadastrar e, posteriormente, informará o como fazer a habilitação para que você possa dar lances.

Quando for participar de algum leilão *on-line*, faça sua habilitação no *site* do leiloeiro oficial com uma certa antecedência (no próprio *site* do leiloeiro oficial, constará o prazo máximo para habilitação), para que não haja erros ou problemas ao dar seus lances.

Como dito acima, no caso você não puder estar presente à hasta pública, poderá enviar seu advogado ou um procurador para que dê os lances em seu lugar.

Dica: Se você for representado por um advogado, bastará que o advogado apresente a procuração *ad judicia;* Caso você esteja representado por alguém que não seja advogado, então será necessário que você faça a procuração por instrumento público feita no cartório de notas.

Custos do Leilão Judicial: como calcular meu Lance

Arrematar um bem imóvel, a princípio, parece um ato complexo, o que é bom, pois afasta aventureiros. Existem várias etapas e com diversas nuances que devem ser consideradas.

Contudo, quanto mais se envolver, estudar e praticar, mais rapidamente conhecerá os elementos desse negócio, e **verá que não há**

dificuldade, e que todos podemos colher frutos dessa modalidade de investimento. Basta saber onde buscar as informações que precisa para uma arrematação sem grandes problemas e com o resultado esperado.

É imprescindível para uma arrematação segura, uma investigação sobre o executado (aquele que sofre o processo, o devedor), sobre o imóvel (analisar a matrícula atualizada), averiguação de documentos disponibilizados pelo leiloeiro, verificar se tem dívidas de IPTU, Condomínio (em caso de edifícios), verificar o laudo pericial, comparar com imóveis na região e analisar se o imóvel tem outras taxas aplicáveis como por exemplo taxa do lixo e etc. A partir daí, com essas informações, chega a hora de definir a estratégia econômica (quanto se pretende investir) para que seja feito um excelente negócio.

Com a facilidade encontrada através da *Internet*, temos uma ferramenta essencial que nos auxilia desde a pesquisa dos débitos do imóvel na prefeitura até a pesquisa dos devedores para ter uma ideia do passivo deles, e se isso poderá causar algum entrave na arrematação.

Em relação ao valor que se pretende dar de lance na arrematação do imóvel, é importante termos em mente alguns fatores para saber qual será o lucro, considerando todos os gastos que podemos prever.

Importante mencionar que cada caso é único e, dependendo da situação do processo, do imóvel, objetivo e expectativas do investidor, o tempo para alcançar seu resultado pode variar.

Tentaremos aqui demonstrar de forma clara os custos que envolvem esta operação, e, para facilitar o entendimento, usarei o valor de R$ 100.000,00 (cem mil reais) que será nosso lance neste exemplo, como base para realizar os cálculos.

Sobre o valor do lance, devemos considerar a comissão do leiloeiro, que normalmente é de 5% do valor da arrematação (valor do lance que venceu o leilão). Esta comissão do leiloeiro estará descrita no edital, inclusive o prazo para pagá-la **(lembre-se: leia atentamente o edital);**

Dependendo da localidade do imóvel que pretende adquirir, o valor do ITBI (Imposto de Transmissão de Bens Intervivos) pode mudar. Este é o imposto para a <u>transferência da propriedade</u>. Por exemplo na cidade de São Paulo, essa alíquota em 2017 é de 3%.

Devemos considerar a taxa do Cartório de Imóveis para registro da carta de arrematação que sairá em seu nome. Consulte o valor no seu Estado. Normalmente para esse registro é válido considerar uma média de 2% do valor da sua arrematação.

Verifique se há débitos de IPTU e Condomínio se for o caso, <u>e veja no edital se com a arrematação esses débitos serão quitados.</u>

A maior parte dos imóveis que vão a leilão costumam estar ocupados, e com o advento do Novo Código de Processo Civil, os juízes têm autorizado a imissão na posse concomitante à expedição da carta de arrematação, o que reduz o tempo para se ter de fato o imóvel nas mãos. Com o registro da carta de arrematação, a propriedade do imóvel estará em seu nome. A imissão na posse é um procedimento processual simples e não exige nova ação, como é o caso dos leilões extrajudiciais. Para todos estes custos mencionados é prudente separarmos pelo menos de 10 a 12% do valor de arrematação, dependendo da situação do imóvel e do caso, pois pode ser necessário consultar um advogado de confiança).

Obs: Sempre recomendo separar 10 a 12% do valor do seu lance para custear os meios necessários para que o ocupante do imóvel que você adquiriu seja retirado. Contudo, só usamos uma pequena parte desse percentual para esse fim, pois é importante termos uma gordura financeira, caso seja necessário pagar mais algum valor, ou mesmo contratar um advogado para orientá-lo nessa reta final.

Dica 1: Se você estiver em São Paulo, existe o *site* da ARISP (Associação de Registradores Imobiliários de São Paulo), que disponibiliza vários serviços, e entre outras coisas, fornece a tabela de valores dos custos para registro do imóvel, o que facilitará sua busca por informações.

Dica 2: Visite um leilão presencial, apenas por curiosidade, para saber como são anunciados os bens e como são dados os lances. Entre em contato com alguns leiloeiros e adquira toda a experiência que puder.

Dica 3: Consulte um advogado que tenha experiência nessa área. Mesmo que uma certa hasta pública não seja difícil, é sempre importante ter um especialista a seu lado, para que seja um investimento espetacular, seguro e traga o retorno esperado.

Dica 4: Quanto aos meios necessários para imissão na posse, estamos falando de fornecer caminhão para levar a mobília, carregadores, e, eventualmente deixar os bens que estavam no imóvel com um depositário. Muitas das empresas que guardam objetos (Guarda-Volumes), são depositários e fornecem o caminhão para retirada das mobílias.

Diante de tudo que foi dito acima, segue uma tabela explicativa dos valores, considerando nosso lance de R$ 100 mil reais:

INFORMAÇÕES	VALOR
LANCE	R$ 100.000,00
LEILOEIRO 5%	R$ 5.000,00
ITBI 3% SP	R$ 3.000,00
REGISTO CARTÓRIO IMÓVEIS SP 2%	R$ 2.000,00
IMISSÃO NA POSSE / ADV / MEIOS 10 a 12%	R$ 12.000,00
TOTAL	R$ 122.000,00

Portanto, para um lance de R$ 100.000,00, é prudente ter um capital de pelo menos R$ 122.000,00, que permitirá que você faça uma arrematação tranquila.

É sempre importante ler o laudo pericial, o que normalmente o leiloeiro disponibiliza em seu *site*. No laudo constam fotos do estado do imóvel e valor de mercado, o que te ajudará a calcular seu lance, gastos totais e lucro final estimado.

Caso seu interesse seja apenas investir para venda, é importante dar uma reforma básica, que permitirá a você valorizar o imóvel deixando-o mais atrativo aos futuros compradores. Lembre-se que, a liquidez imediata dependerá de dois fatores: o estado do imóvel que apresentará aos futuros compradores e um valor de venda atrativo ao mercado.

Vale ressaltar que esses valores são apenas informativos para que você tenha em mente o que poderá acontecer e não ser surpreendido com custas exorbitantes. Lembrando sempre que cada caso é um caso, certifique-se dos valores de impostos, custas e taxas do seu Estado. Veja se os devedores têm mais processos e **SEMPRE ESTUDE**

O EDITAL, como se sua vida dependesse disso, pois é nele que estão as informações mais relevantes e que o ajudarão a realizar uma arrematação tranquila, segura e proveitosa.

Otimizar

Quando falamos em otimizar, estamos falando em buscar técnicas, formas ou métodos para melhor atingir os objetivos que pretendemos alcançar.

Após 7 anos de estudo, participação em mais de 500 leilões, me sinto preparado para qualquer arrematação. Contudo, não são todas as pessoas que têm o tempo e a disponibilidade para isso. E esse guia prático é exatamente para você que busca conhecer melhor esse mercado, investir, ou apenas entender como funcionam os leilões.

Todas as dicas, informações e sugestões deste guia prático, têm a intenção de ajudá-los a não cometer erros, minimizar os riscos e otimizar seus ganhos.

Ao que se deve ficar atento no Edital

O ponto chave para uma arrematação que alcance suas expectativas, é conhecer as regras do jogo. E no edital estarão a maioria das informações que precisa.

No edital estarão as datas dos leilões, valores na primeira e segunda praça, dados do executado e quem são os credores e demais interessados.

Ao acessar o *site* do tribunal de justiça, você poderá consultar quantas ações judiciais o devedor tem, e os problemas que enfrenta. Nunca é demais repetir que, um advogado de confiança, poderá lhe orientar nesta etapa e esclarecer suas dúvidas sobre os processos e seus reflexos.

Fique atento na descrição do imóvel e veja se irá a leilão <u>apenas uma parte do imóvel ou sua totalidade.</u>

Peça uma matrícula atualizada do imóvel para verificar a penhora ou penhoras existentes e se o imóvel tem outros problemas que podem prejudicar a comercialização numa venda futura.

Em relação ao pagamento do lance, em alguns casos, existe a possibilidade de pagamento parcelado, mas isso depende de informação a respeito no edital.

Como já mencionado, eventuais débitos de IPTU, condomínio e demais taxas e impostos até a data do leilão, normalmente serão pagos com o produto da venda no leilão. Contudo certifique-se dessa informação antes de dar seu lance.

Geralmente nos editais constam a informação de que o imóvel será alienado no estado de conservação em que se encontra, sendo a verificação de documentos, gravames, e etc. de responsabilidade do arrematante, bem como, a responsabilidade pela eventual regularização que se faça necessária. Portanto, leia atentamente o edital para conhecer as regras do jogo.

Como já informado no capítulo anterior, os atos necessários para a expedição de carta de arrematação, registro, ITBI, imissão na posse e demais providências serão de responsabilidade do arrematante.

Após fazer todas as análises que achar pertinente, ainda é possível contatar o leiloeiro para esclarecer mais alguma dúvida que tiver.

Fique atento à informação se o imóvel está ocupado ou não, pois ela será de grande valia para seu cálculo de valor de lance. O edital lhe dará essa informação, mas se não mencionar nada, questione o leiloeiro. A chance de o imóvel estar aberto à visitação é remota, mas pode acontecer.

Vale mencionar que visitar o entorno do imóvel que pretende adquirir é muito importante, para saber de fato onde ele está localizado, quais as condições externas do imóvel, vizinhança, e etc., pois todas as informações são importantes para chegarmos à conclusão se daremos o lance ou não.

Outro fato importante é de que o pagamento imediato que a lei determina após o vencimento do leilão não significa que ao final o arrematante deva sair correndo para efetuar o pagamento, mesmo porque a maioria dos leilões são feitos de forma eletrônica.

Comumente os leiloeiros enviam ao arrematante a guia de pagamento juntamente com os dados bancários para que efetue também o pagamento da comissão do leiloeiro.

Assim, a expressão "imediata" pode ser entendida como prazo de 24 horas contados do término do leilão. Esse é o prazo que os leiloeiros levam para enviar a guia de pagamento do lance e os dados bancários para depósito da sua comissão.

Importante repetir: fique atento ao prazo máximo permitido para se efetuar a habilitação e participação efetiva do leilão através da *Internet*. Caso possua interesse em participar de um determinado leilão, solicite com antecedência sua habilitação.

Só para seu conhecimento, estão proibidos de dar lances numa hasta pública:

- Aquele que não estiver na livre administração de seus bens, ou seja: as pessoas físicas insolventes ou falidas;

- As pessoas jurídicas falidas; os interditados; os que estejam impedidos por determinação judicial;

- Os tutores, curadores, testamenteiros, administradores, síndicos ou liquidantes, quanto aos bens entregues à sua guarda e responsabilidade;

- Os mandatários, quanto aos bens de cuja administração ou alienação estejam encarregados; e

- O juiz, membro do Ministério Público e da Defensoria Pública, escrivão e demais servidores e auxiliares da Justiça;

Em relação ao arrependimento do lance que deu, caso não haja vícios que comprometam o processo ou o leilão em si, <u>você não poderá arrepender-se e deixar de pagar apenas porque tenha</u>

<u>percebido depois, que o negócio em verdade não lhe interessava ou não lhe era conveniente.</u>

Todos os lances dados no leilão (e não apenas o lance vencedor) são vinculantes e obrigatórios para quem os tiver dado. Quem se arrepender e deixar de pagar sofrerá multa e, conforme o caso, poderá ser processado pelo crime previsto no Código Penal, artigo 335.

> *Art. 335 - Impedir, perturbar ou fraudar concorrência pública ou venda em hasta pública, promovida pela administração federal, estadual ou municipal, ou por entidade paraestatal; afastar ou procurar afastar concorrente ou licitante, por meio de violência, grave ameaça, fraude ou oferecimento de vantagem:*
>
> *Pena - detenção, de seis meses a dois anos, ou multa, além da pena correspondente à violência.*

Caso o leilão seja anulado e você já tenha efetuado o pagamento do seu lance, você receberá o valor de volta corrigido.

Venda

Estamos chegando na segunda metade do nosso objetivo, que é vender o imóvel.

Dependendo do nosso foco, vamos adotar estratégias de venda diferentes, ou seja, se vamos vender imediatamente para realizar nosso lucro talvez tenhamos que considerar vender o imóvel pelo preço abaixo do mercado.

No item abaixo, daremos maiores informações sobre a liquidez dos imóveis e onde buscar as informações para que nosso objetivo seja alcançado no prazo esperado.

Liquidez do Imóvel Adquirido em Leilão

Quando falamos em liquidez (venda), tendo em vista o âmbito econômico envolvido, podemos classificá-la de acordo com a velocidade e a facilidade com a qual um bem ou ativo pode ser convertido em dinheiro ou seu equivalente.

Em relação a um imóvel, a liquidez representa a velocidade e facilidade com os quais o bem pode ou não ser comercializado, ou seja, quanto maior a liquidez de um imóvel, mais facilmente ele poderá ser vendido.

Para saber se a região que pretende adquirir o imóvel tem liquidez, você pode consultar o Secovi (Sindicato da Habitação) do seu Estado, pois eles emitem, mensalmente, relatórios que possuem números de vendas separados por categoria de imóveis, metragem, e, com esses números, você poderá determinar a liquidez dos imóveis de seu interesse.

Outra dica importante, consulte um corretor de imóveis, na sua região, ou na região que pretende focar seus esforços, pois ele possui acesso relativamente fácil aos níveis de venda de imóveis em determinadas regiões ou bairros, e muitas vezes pode lhe passar informações muito relevantes.

É sempre importante frisar que, dependendo do objetivo que traçou para começar a investir em leilões judiciais, e o que pretende fazer com o bem arrematado, o tempo estimado para venda pode variar. Tudo vai depender da sua estratégia de negócio. Mais abaixo vou contar um dos casos em que realizei o leilão e tive um resultado excelente.

Dica: Veja o preço para imóveis semelhantes e, se sua intenção for vender logo, abaixe um pouco o valor de venda. Sua margem de lucro irá diminuir, mas ainda assim seu retorno será espetacular.

Dica 2: Use fotos atrativas para divulgar seu imóvel e utilize todas as ferramentas que a *Internet* permite para colocar à venda e expor seu bem.

Dica 3: Se precisar, faça alguns reparos para o imóvel ficar mais atrativo aos olhos dos futuros compradores, e não faça transformações exageradas, pois os compradores normalmente não têm os mesmos gostos que nós.

Dica 4: Caso você não tenha tempo nem disponibilidade, contrate uma imobiliária para lhe ajudar, mas não esqueça de incluir nos seus gastos o valor que será cobrado de comissão de corretagem (honorários do corretor de imóveis).

Lucro

Aqui chegamos ao final da nossa fórmula: **I M Ó VE L.** Com a letra "L" temos o Lucro que é o retorno positivo de um investimento. É o ápice da nossa busca. É o resultado tão esperado do que iremos investir em tempo e dinheiro.

No próximo tópico quero contar a vocês um caso em que tive sucesso. Não foi o melhor de todos, mas é um caso em que o investimento foi baixo e o retorno foi mais de 100% em pouquíssimo tempo. Espero que este exemplo ajude e inspire vocês!

Caso prático

Como já escrevi anteriormente, este guia prático compila 7 anos de estudos constantes, a participação direta em mais de 500 leilões, análises nas mais diversas áreas, contato e troca de informações com dezenas de pessoas engajadas no assunto, que encorajaram este autor a preparar esse material para ajudar muitas outras pessoas, transferindo a experiência dos negócios que realizei, a quem estiver disposto a absorvê-la.

Em todos os casos que decidi participar do leilão, seja para aumentar meu próprio capital ou mesmo com clientes ou amigos que investiram e acreditaram na rentabilidade mencionada nessas páginas, em todos os casos colhemos frutos expressivos desse conhecimento.

Na planilha abaixo é citado o exemplo de um imóvel que foi arrematado e trouxe a rentabilidade de 100% do valor investido em apenas 8 meses, e onde segui à risca todos os passos descritos neste livro e obtive o resultado esperado.

Este não foi o melhor dos melhores investimentos que fiz, pois precisava do capital rapidamente para outras coisas e por isso vendi o imóvel a um preço mais baixo. Mas mesmo assim trouxe <u>um retorno de 100% do valor que foi investido em apenas 8 meses. Desconheço outro tipo de investimento que permita algo parecido com pouco risco.</u>

INFORMAÇÕES	VALOR
LANCE VENCEDOR	R$142.000,00
LEILOEIRO 5%	R$7.500,00
ITBI 3% SP	R$4.500,00
REGISTO CARTÓRIO IMÓVEIS 2%	R$2.300,00
IMISSÃO NA POSSE / ADV / MEIOS 5 a 10%	R$7.500,00
TOTAL GASTO	**R$163.800,00**

VALOR DE MERCADO DO IMÓVEL	R$380.000,00
VALOR DE VENDA	R$330.000,00
LUCRO	**R$166.200,00**

Neste caso específico, ao pesquisar sobre o bairro que pretendia investir, descobri a informação de que a região iria valorizar, tendo em vista que seria construída uma estação de metrô nas proximidades, o que de fato valorizou o imóvel. Contudo, como decidi vender imediatamente, não colhi os frutos dessa valorização, mas esse caso serve de exemplo: se não tiver pressa em vender, o imóvel arrematado poderá valorizar e seu resultado será maior ainda.

Outro fato relevante é de que o imóvel, apesar de ser em um prédio mais antigo, estava em condições boas e precisou apenas de uma pintura e alguns pequenos reparos, que não representam gastos significativos para serem mencionados nesta planilha.

Do lance dado até a imissão na posse, levou-se 6 meses. O imóvel foi pintado em 15 dias e a partir daí já foi colocado à venda. Em menos de 8 meses tive o retorno de 100% do valor investido, conforme se verifica na planilha que mencionei. **Esses valores são reais!!!**

Como dito acima, se não tivesse pressa na venda, teria conseguido um negócio melhor. Bastava esperar mais um ou dois anos para vender o imóvel, pela valorização inerente à região em que está localizado.

Outra dica relevante é que, se você não tiver todo capital para investir sozinho em leilão, converse com amigos e faça um "*clube*" de investidores. Muitos irão se interessar por essa ideia. Eu mesmo já participei de vários *"clubes de investimento"* e, ao juntar o capital de mais pessoas, seu poder aquisitivo será maior e os negócios serão melhores.

Para você entender o potencial do que chamo de "clube de investidores", em uma situação, conseguimos juntar aproximadamente R$450.000,00 reais entre amigos e em menos de dois anos transformamos esse valor em R$ 1,2 Milhões!

Em qualquer situação, é sempre importante consultar um advogado (sempre destino um valor para esse fim), principalmente no caso de montar um *"clube"* de investidores, para que ele formalize da forma mais adequada essa situação, e todos saibam os riscos do negócio e até onde poderão chegar.

Resumo para uma arrematação Segura

- Analise minuciosamente o edital;

- Caso não tenha a matrícula atualizada no *site* do leiloeiro, peça uma atualizada no Cartório de Imóvel para analisar;

- Se for possível *visite* o imóvel e caso não seja, veja o laudo de avaliação, *visite* o entorno do bem que pretende arrematar;

- Faça uma planilha em que conste todos os possíveis custos que possa ter, para que você tenha o valor máximo que poderá dar de lance;

- Certifique-se do valor de mercado do imóvel e liquidez da região, para se assegurar que é um bom negócio;

- Se o bem não for exatamente como anunciado pelo leiloeiro, avise ao Juízo. Nesse caso, temos a opção de desistir da arrematação e pegar o dinheiro de volta corrigido;

- Se o bem tiver problema na documentação e não for transferível a titularidade, avise ao Juízo. Nesse caso você ainda poderá desistir da arrematação;

- Veja o processo de execução. Quanto mais penhoras, hipotecas, mais problemas que tiver o executado, melhor. Ficará mais caro e difícil para o devedor salvar o bem, aumentando suas chances de arrematar com sucesso;

- Esclarecer todas as dúvidas com a equipe do leiloeiro;

- Pesquise se existem eventuais ações que possam interferir na sua arrematação, dívidas e débitos em nome do executado, penhoras e etc;

- Analise as condições de arrematação e a forma de pagamento descrita no edital;

- Veja se a penhora está devidamente registrada na matrícula do imóvel. Em caso de arrematação, a hipoteca fica extinta, sempre que o credor hipotecário tenha sido previamente intimado acerca da hasta pública. É preciso que você verifique tudo isso no processo, antes do leilão.

Leilão Extrajudicial

Para entendermos o conceito de leilão extrajudicial, em termos práticos, podemos dizer que: Aquele que toma um financiamento imobiliário, na qual está garantido pela modalidade de alienação fiduciária e, porventura, deixar de pagá-lo, poderá ter seu imóvel vendido em leilão extrajudicial, que é o procedimento de retomada de imóvel.

Assim, na hipótese do devedor deixar de realizar o pagamento das prestações, será intimado por meio do Cartório do Registro de Imóveis da localidade do bem, ocasião em que lhe será concedido o prazo de 15 (quinze) dias para o pagamento.

Com o pagamento, mantém-se o contrato até seu término. Por outro lado, deixando o devedor de efetuar o pagamento no prazo marcado, o

Oficial do Cartório do Registro de Imóveis, certificará esse fato. O credor pagará o ITBI (imposto de transmissão de bens imóveis), que será o registrado na matrícula do imóvel para consolidação da propriedade em nome do credor.

Consolidada a propriedade em nome do credor, no prazo de 30 (trinta) dias, contados da data do registro desta consolidação, será promovido o leilão público extrajudicial para a alienação do imóvel, normalmente através de leiloeiros oficiais.

A pessoa que adquirir o imóvel por meio de leilão extrajudicial, deverá utilizar-se de uma ação judicial para conseguir a posse do imóvel. Não entraremos a fundo neste tema pois não é o objeto do nosso manual.

Futuramente montaremos outro guia prático específico para tratar do assunto, dando exemplos práticos passando a vocês todo o conhecimento sobre ele para poder alcançar o sucesso nessa outra modalidade de investimento.

Alavancando para o Sucesso

> *"Saiba que são suas decisões, e não suas condições, que determinam seu destino."* - Anthony Robbins -

Chegamos ao fim dessa nossa primeira jornada rumo ao sucesso. Agora você tem as ferramentas e sabe onde buscar as informações necessárias para dar início aos leilões judiciais e alcançar aquilo que busca.

Saia da similaridade, deixe a condição de ser apenas mais um, seja na vida, dentro da sua família ou no seu trabalho. Faça suas próprias escolhas. O dinheiro é resultado do sucesso, e este é a direta proporção do nosso empenho e entusiasmo, que ao final trará a tão sonhada liberdade financeira.

Leia este guia prático quantas vezes forem necessárias, até se familiarizar com o tema e busque toda informação que puder. Através desse guia você já tem o caminho.

Quantos degraus quer subir na escada do sucesso?

O que está disposto a dar em troca?

Lembre-se: Se fez um bom negócio, reinvista parte dos seus lucros, busque novos tipos de investimentos – diversifique.

Ao estudarmos os segredos dos homens de sucesso, repetidamente todos eles têm:

(a) um objetivo claro;

(b) sabem tomar decisões;

(c) estendem seus serviços e ganhos além da sua presença;

(d) são gratos pelo que tem e cultivam hábitos positivos;

(e) não gastam mais do que possuem;

(f) são perseverantes a ponto de estar obstinados a alcançar o objetivo;

(g) cuidam da mente e do corpo;

(h) investem e reinvestem;

Falar sobre leilões de imóveis é um assunto que amo e se não fosse para criar um guia prático, com certeza escreveria um livro de pelo menos duzentas páginas sobre o assunto. Muitos amigos e colegas me encorajaram a elaborar um manual completo sobre o assunto, e penso seriamente em fazê-lo em breve.

Se você tem o desejo necessário para mudar de vida e alcançar seu objetivo, está no caminho certo. A única coisa que nos prende ao caminho do fracasso somos nós mesmos, pelo nosso medo de dar o primeiro passo. Por isso, agora é seu momento, levante e tome as rédeas da sua vida e dos seus negócios.

Faço minhas, as palavras de Earl Nightingale:

"Esforce-se como nunca fez antes, não freneticamente, mas com a calma e a segurança de que o tempo que gastar será depois recompensado".

Boa sorte e sucesso a todos!

Alessandro Di Giuseppe.

www.ingramcontent.com/pod-product-compliance
Lightning Source LLC
Chambersburg PA
CBHW051230250726
48655CB00006B/2696